Joel J. Pinto

¿Vendedor? ¿Yo?

MANUAL DE VENTAS PARA EMPRENDEDORES

Alicante – España – Septiembre 2015

¿Vendedor? ¿Yo?

MANUAL DE VENTAS PARA EMPRENDEDORES

ISBN-13: 978-1514249666
ISBN-10: 1514249669

www.joelpintoromero.com
Facebook: **joelpintoromero**
Twitter: **@JoelPintoRomero**
Skype: **JoelPintoRomero**
Correo electrónico: **joel@joelpintoromero.com**

Impresión: Createspace.
Editores: Brígida Núñez / Carolina Lafuente.
Ilustraciones: Alejandro García.

El Altet, 03195. Elche. Provincia de Alicante. España.

Tabla de contenido

Dedicatoria

Doy gracias a Dios
por haberme dado la oportunidad de llegar hasta aquí,
por haberme acompañado siempre,
aún en aquellos momentos
en que yo no le prestaba atención.

A mis padres, por haber sembrado en mi
los valores y principios que me han hecho ser quien soy,
con mis cosas buenas
y mis cosas no tan buenas.

A mi esposa, Carolina, con quien he aprendido
el verdadero significado del amor
y del "estar siempre juntos,
en las buenas y en las malas,
en la salud y la enfermedad."

A mis hijos, Daniel Alejandro y Gabriel David,
por llenar mis días con su alegría, su inocencia,
y por darme la energía suficiente
para seguir luchando.

Hijos míos, nunca dejen de perseguir sus sueños
ni de luchar por aquellas cosas que realmente aman.

Dios les bendiga siempre.

¿Por qué escribir este libro?

En muchas conversaciones que he sostenido con compañeros y amigos que han decidido montar sus propios negocios, me he dado cuenta de que todo fluye magníficamente bien, hasta el momento en que comenzamos a hablar del "¿qué vas a hacer para conseguir tus primeras ventas?".

Llegados a este punto, generalmente encuentro que, o bien no habían considerado el tema de ventas en profundidad (por lo que no han desarrollado un plan concreto para generar nuevos negocios), o quieren conseguir una persona que haga el trabajo de ventas, mientras ellas concentran sus esfuerzos en el desarrollo del producto.

> *Es como si las ventas fueran responsabilidad de otros y no de ellos mismos.*

¿Y esto por qué es así, te estarás preguntando? La razón está en que existen muchos conceptos que están asociados con la palabra *"vender"* que no necesariamente describen la realidad del proceso de venta de un producto, y que pueden hacer sentir incómodo a más de uno.

Y con el aporte de personajes como Victor Lustig, quien en 1925 le "vendiera" la Torre Eiffel a un grupo de incautos inversores, pues el tema se ha complicado un poco más, asociando el hecho de "vender" algo con el uso de estrategias inadecuadas o, incluso, poco éticas y reprochables.

Sin embargo, vender es una de las actividades que le inyecta energía a la economía mundial. Gracias a la venta de bienes y servicios, local e internacionalmente, crecen los países y sus sociedades.

El bienestar de las familias se incrementa porque existen vendedores que promueven la compra de productos que satisfacen un sinnúmero de necesidades.

Somos testigos de impresionantes avances en todas las áreas de nuestra vida diaria, gracias a que, en algún momento y lugar del mundo, alguien ha sabido vender sus ideas de forma correcta a la persona adecuada y, entre todos, han podido desarrollar para nosotros una inmensa cantidad de productos.

> *En sí, la venta como tal es una actividad*
> *fundamental en todo negocio,*
> *independientemente de su tamaño.*

Es por eso que en las siguientes páginas encontrarás, en lenguaje sencillo, como si estuviéramos conversando cara a cara, la explicación de distintos temas asociados con la actividad de vender, para que puedas aplicarlos a tu proyecto y poner el área de ventas a punto y en marcha.

Gracias por haber escogido esta lectura, y por darme la oportunidad de compartir contigo el producto de mi formación y mi experiencia, tanto profesional como personal.

Eres un emprendedor y... ¿no te gusta vender?

No hay una persona en el mundo que conozca tu producto mejor que tú: desde el más mínimo detalle, todas sus funcionalidades, qué es lo que lo hace diferente de los productos ofrecidos por la competencia, y muchas otras cosas más.

De igual manera, tú eres el único que sabe con detalle hacia dónde quieres dirigir tu negocio, cómo quieres que lo perciban tus clientes, la imagen que quieres desarrollar para él y, en definitiva, el aporte que quieres hacer a la sociedad.

> *Como emprendedor y dueño de tu propio negocio, nadie tiene una capacidad igual a la tuya para vender el producto.*

Y es justamente por ello, porque conoces tu negocio y producto tan bien, que eres tú la persona que está mejor capacitada para "venderlo", es decir, para convencer a otros de que se involucren en tu proyecto, bien sea aportando capital como socios, trabajando contigo como empleados y colaboradores, o también para conseguir clientes que, con sus compras, apoyen el crecimiento de tu empresa.

A muchos se le da muy bien aquello de conseguir socios inversionistas, colaboradores y empleados, pero ya cuando se trata de conseguir clientes que compren el producto o servicio ofertado, es decir, "que salgan a la calle a vender", ya el tema es diferente. ¿Por qué?

Es como si, de repente, ya el trabajo de conseguir clientes no fuese tu responsabilidad como emprendedor, sino que fuese la responsabilidad de otros. ¿Qué es lo que hace que, para algunos, el tema de salir a la calle a conseguir clientes sea algo difícil, o incluso que no se atrevan siquiera a hacerlo?

Te cuento una historia: cuando yo comencé como vendedor, a mis diecinueve años, mi mente estaba llena de ideas preconcebidas, veía a los vendedores como personajes molestos, excesivamente insistentes y que, si en algún momento yo bajaba la guardia, me iban a convencer de comprar algo que no quería, o que ni siquiera me hacía falta.

Pero ya luego, después de terminar mi formación profesional en publicidad y mercadeo, y reunir algunos años de experiencia comercial, he tenido la oportunidad de entender muchos conceptos y llamar a cada cosa por su nombre. Hoy en día puedo reconocer el área de ventas como el elemento fundamental para el crecimiento, no solamente del tuyo, sino de cualquier negocio.

Entiendo que la parte difícil del buscar esos clientes nuevos es el tener que tocarle la puerta a personas completamente desconocidas y, por encima de todo, someterte a que esas personas te digan que no nueve de cada diez veces, sobre todo a ti, que eres el mismísimo dueño del negocio.

Sin embargo, si entendemos la venta como lo que es en realidad y la importancia que tiene dentro de tu plan de negocio, todo se vuelve más sencillo.

La venta no es otra cosa que un proceso comunicacional intencionado.

Si me pidieras definir la palabra "vender", necesariamente tendría que decirte que es una forma de comunicar una idea de manera convincente a otra persona. Yo tengo una idea que creo que es valiosa, importante o muy buena, y quiero convencerte a ti acerca de mi punto de vista.

No se trata sencillamente de comunicarlo, sino de convencerte, de persuadirte a ti de que mi idea es válida, importante, y que merece la pena que la tomes en cuenta porque también podría ser buena para ti. Yo parto de ese convencimiento para querer "venderte" mi idea.

El elemento fundamental acá es "la necesidad de convencer", de "persuadir" a la otra persona, a tu interlocutor.

Es por ello que se trata de una comunicación intencionada, que tiene un fin específico que lo diferencia de la comunicación meramente informativa.

Tan antiguo que a veces olvidamos su verdadero significado.

Desde el día que la serpiente convenció a Eva para que mordiera la manzana, desde ese mismo momento nació el arte de vender, en aquel caso simplemente se trató del hecho de vender simplemente una idea. Y fue tan bien vendida que no solo Eva comió de la manzana, sino que convidó a Adán, quien hizo lo mismo, y el resto es una historia conocida para todos nosotros.

De allí en adelante, la historia está llena de eventos anecdóticos que nos hablan de ideas muy bien vendidas, como por ejemplo que la tierra era plana, o que los extraterrestres habían invadido el mundo.

A fin de cuentas, ideas que habían nacido en la mente de alguien que estaba tan profundamente convencido de que su idea era buena, real, genuina, que necesariamente tenía que convencer, persuadir a sus iguales para que pensaran lo mismo. Y, en muchos casos, lograron hacerlo.

¿Es vender un acto inherentemente malo?

Mientras las intenciones sean genuinamente buenas, el acto de vender es igualmente bueno, porque se trata de una persona que transmite a otra una idea que será para beneficio de esta última. Si yo logro convencerte de que dejes de fumar, por ejemplo, estoy haciendo algo bueno por ti.

Si nos referimos a un producto o servicio, es igual: Se trata de algo que, a final de cuentas, va a ser para el beneficio del que lo recibe o compra, o por lo menos, así debería ser.

Ahora, el significado de la palabra "vender" comenzó a verse en problemas cuando las intenciones que motivaban la comunicación intencionada, la charla de venta, dejaron de ser buenas; cuando una persona quiso convencer a otra de que algo era muy bueno, cuando no lo era realmente, y recurría entonces para ello a la manipulación sin escrúpulos de la información, al engaño o directamente a la mentira.

Y si al hecho de tener que convencer a alguien para que adquiera nuestro producto, le unes el someterse al rechazo casi de forma continua y el poder ser percibido como un manipulador de la información, sin escrúpulos, entiendes con facilidad por qué, para algunas personas, el tema "vender" se hace complicado.

Sin embargo, cada día, se realizan cientos de miles de millones de ventas en todo el mundo, grandes y pequeñas, y en la gran mayoría de ellas las intenciones del vendedor son buenas, los productos hacen lo que se supone que deben hacer y los clientes quedan satisfechos.

Y es que, como en muchas otras cosas, la diferencia la marcamos las personas.

No es lo mismo vender, que vender tu alma al Diablo.

Hace algún tiempo leí esta frase y me quedó grabada en el corazón. El arte de vender, en sí mismo, es un acto bueno, necesario para tu empresa, para que tengas éxito, para que puedas comunicar tus ideas de manera convincente a tus empleados, colaboradores, amigos y clientes, pero siempre y cuando no vendas tu alma al Diablo.

Mientras tus intenciones sean genuinas, auténticas y puedas comunicarlas de manera transparente y honesta a tu interlocutor o tu audiencia, sin nada que ocultar, ni por lo cual sentir vergüenza, no hay problema alguno.

> *No caigas en la tentación del Diablo y recurras a trucos deshonestos para convencer a tu cliente de que tu producto es lo que necesita.*

Si en algún caso ves que comienzas a recurrir al uso de tácticas extrañas para convencer a los demás de lo que dices, sea al vender una idea, un producto o tus servicios, podrías entonces estar confundiendo las cosas y estar convirtiéndote, sin querer, en uno de esos personajes que le hacen tanto daño a la reputación de una actividad tan importante para los negocios y la vida, como es la de vender.

Pero no nos detengamos aquí. En las siguientes páginas iremos descubriendo conceptos fundamentales acerca de cómo gestionar el tema de ventas en tu negocio, de forma que éste se convierta sencillamente en un área productiva más que gestionar, y no en una preocupación.

Comienza por desarrollas tus habilidades comerciales.

Si hay algo que he aprendido en mi carrera profesional, es que los resultados que alcanzamos están íntimamente ligados a la incorporación de ciertos hábitos en nuestra rutina diaria, para trabajar de manera eficiente.

El que tú puedas desarrollar la capacidad de generar ventas para tu negocio es uno de ellos, y es una destreza que va a ser fundamental para el crecimiento de tu empresa, aun cuando más adelante contrates comerciales para que hagan este trabajo por ti.

He tenido la oportunidad de trabajar con grandes profesionales en el área de ventas y de ellos he aprendido muchas cosas que, de una forma muy sencilla, te pueden ayudar a ser un mejor vendedor y, al mismo tiempo, ser una persona mucho más productiva para tu negocio.

Que la palabra "vender" nunca te intimide.

Porque, como te decía en el primer capítulo de este libro, vender no es un acto malo en sí mismo. Tu negocio y su crecimiento dependen de la capacidad que tengas tú, como emprendedor, para "vendérselo a otros" desde sus primeros días, incluso desde el momento en que concibes la idea.

Bien sea cuando vas a tener una reunión con un futuro socio inversionista, o cuando estás realizando tus primeras entrevistas para seleccionar a las personas que formarán parte de tu equipo, o sencillamente si estás tratando de hacer negocios con una empresa distribuidora que podría ayudarte a desarrollar nuevos mercados; en todo momento, tu capacidad para vender tu idea, tu propuesta, va a ser fundamental.

Recuerda que existe una gran diferencia entre "vender" y "venderle tu alma al Diablo". Esa diferencia la hacemos, exclusivamente, las personas y las intenciones que nos mueven a la hora de vender algo, y no tiene nada que ver con la actividad de vender en sí misma.

¿Cómo puedes desarrollar tus habilidades comerciales?

Primero que nada, debes recordar que todas las puertas están cerradas hasta que se abren. Suena absurdamente lógico, pero es una gran verdad: Una oportunidad no existe, hasta que la buscas.

Es como la historia de aquel individuo que le reclamaba a Dios el por qué no se había ganado la lotería y lo primero que Dios le dijo fue: *"Hijo mío, sal a comprar el billete por lo menos".*

Nada ocurre si no nos ponemos en marcha.
Eso es definitivo.

Ya una vez que tienes claro que el crecimiento y desarrollo de tu negocio dependen de ti, y de que debes buscar el "abrirte la mayor cantidad de puertas posible", entonces bien vale que tomes en cuenta los siguientes consejos:

Nunca te digas "NO" a ti mismo.

Por muy absurda que te parezca la propuesta que has hecho, por muy difícil que esté la situación económica o por muy fuerte que sea tu competencia, nunca te digas tú mismo que no puedes lograrlo, o que ese negocio no es para ti.

Siempre permite que sea el otro lado el que rechace tu propuesta, el que te diga que no. Escuchando lo que el otro lado tiene que decir, tendrás una grandísima oportunidad para mejorar tu propuesta y crecer con ella. Si no lo escuchas, ¿cómo te enteras de las cosas que puedes hacer para mejorar?

No le tengas miedo al rechazo.

Ten en cuenta que por cada "sí" que recibas, habrán por lo menos nueve personas (o más) que te dirán que "no". Si tienes siempre en mente esta relación, se te hará más sencillo mantenerte con la energía necesaria para seguir adelante y lograr tus metas, independientemente de la cantidad de veces que te rechacen.

Recuerda que tu negocio vive con las personas que le dan el "sí" y compran tus productos y servicios, no con las que le dicen que "no".

No le tengas miedo al compromiso.

Las cosas hechas a medias generalmente no funcionan o, si lo hacen, pues funcionan a medias. Los mejores resultados siempre los vas a obtener si te comprometes en lograrlos, si no descansas buscando opciones y alternativas para hacer que las cosas ocurran.

No permitas que rendirte sea una opción. Lucha siempre y con todas tus fuerzas por cumplir tus objetivos y, si aun así no lo lograras, sabrás que has hecho el mejor de tus esfuerzos por ello.

Recuerda que debes trabajar muy duro y todo el tiempo que sea necesario.

Lograr los mejores resultados es siempre una mezcla de tener el talento requerido, trabajar muy duro, tener un poco de suerte y estar en el sitio adecuado en el momento justo.

De todo esto, lo único que está bajo tu control directo es el trabajar muy duro: Dedica todo el tiempo que haga falta para lograr cerrar esa negociación que tanto deseas, para conectarte con tus clientes y desarrollar relaciones de mutuo beneficio. Siempre rendirá sus frutos.

Ponte siempre metas grandes y realistas.

Cuando comencé a correr bicicleta, solía conformarme con rodar entre 20 y 25 kilómetros en cada salida. Solamente el día que decidí exigirme un poco más y me puse una meta más alta, fue cuando me di cuenta de lo que era capaz.

Fue entonces cuando me exprimí a fondo, y pude llegar a 40, luego a 50 y últimamente a 80 kilómetros en un día.

Haz tú lo mismo: Que tu meta no sea ganar dinero suficiente para vivir, por el contrario, piensa en ganar dinero suficiente como para vivir holgadamente y verás la diferencia que hace. Recuerda:

¡Metas grandes y realistas!

Nunca te des por satisfecho. Que aprender y crecer sean siempre tu consigna.

Haz de cada éxito, por pequeño que este sea, un motivo de celebración, y una prueba de que aún puedes llevar tu empresa y tu negocio más lejos. No importa lo difícil que estén las cosas y lo pequeño que sean tus pasos hacia adelante. Asegúrate de que siempre sean pasos hacia adelante y verás cómo, al cabo del tiempo, habrás recorrido un interesante camino.

No le des paso al aburrimiento.

Si hay una cosa que he aprendido en mi carrera profesional, es que nunca dejan de surgir oportunidades nuevas, clientes nuevos, por lo que nunca hay un momento en el que puedas realmente decir: "Esto es todo lo que hay".

Alimentar ese espíritu de búsqueda continua te permitirá llegar muy lejos en cualquier emprendimiento que pongas en marcha, y podrás lograr siempre los mejores resultados.

Cultiva el hábito de mantenerte siempre en contacto.

Muchos negocios logran cerrarse solamente después de muchas visitas, y no necesariamente en la primera ni en la segunda. Muchos productos tienen ciclos de ventas más largos aún. ¿Qué ocurre si tiras la toalla muy pronto y dejas de mantenerte en contacto con tu cliente? Pues que simplemente dejarás de estar presente cuando éste finalmente tome una decisión.

Y si tú no estás allí, ¿qué pasará? Que el negocio se lo llevará otra persona. Simple y sin trucos. Haz que hacerle un buen seguimiento a cada oportunidad que se te presente, sea un hábito dentro de tu rutina de trabajo y nunca pierdas el contacto con tu cliente, aún después que te hayan dicho que "no".

Concéntrate en desarrollar relaciones a largo plazo.

Y es que las mejores ventas se hacen cuando mantienes buenas relaciones con tus clientes en el tiempo. Por eso, no te enfoques simplemente en las transacciones, en la venta como tal. ¡No!

Los negocios se basan en relaciones y no solamente en transacciones.

Construye puentes que te conecten firmemente con cada uno de tus prospectos y clientes. Recuerda que el valor de un cliente no está solamente en lo que te puede comprar ahora, sino en lo que te puede comprar a lo largo de su vida entera, en los amigos con los que puede referirte y la buena reputación que puede crear para tu negocio.

Y siempre se deben construir las relaciones con la intención de que perduren por un largo, largo tiempo.

Como emprendedor o dueño de tu propio negocio, una de tus principales responsabilidades será siempre la de velar por el crecimiento de tu empresa, y para ello deberás hacer lo que sea necesario para lograrlo.

Una de esas cosas va a ser el prepararte tú mismo para poder generar más dinero para el negocio, bien sea formándote para realizar la labor de ventas tú mismo, o aprendiendo a supervisar y gestionar de manera efectiva a las personas que se encargarán de hacerlo.

Dedícale tiempo entonces al desarrollo de tus habilidades comerciales.

Estos consejos que te he dejado aquí van a ser de extraordinaria ayuda para que lo logres pero, como todas las cosas en la vida, es un proceso continuo de aprendizaje, reconocimiento y mejora, en el cual tú eres el actor principal.

¿Qué puedes aprender de un vendedor profesional?

Seguramente ya has podido darte cuenta que he desarrollado la totalidad de mi carrera profesional en el área de ventas, bajo distintos nombres, títulos y metodologías, pero ventas al final del día.

Como muchas personas, tal vez tú puedas contarte entre ellas, al principio tenía mis reservas con respecto al trabajo que realizan los vendedores.

Pero luego de más de 20 años de experiencia, cursos, seminarios, de muchos años siendo supervisado y guiado, otros tantos guiando y supervisando, sesiones de entrenamiento y presentaciones, te puedo decir con seguridad que la venta profesional me ha brindado la oportunidad de construir ciertas actitudes que, hoy en día, considero fundamentales para cualquier persona, tanto en el aspecto profesional como en el personal.

"¿Y cuáles son esas actitudes?" te estarás preguntando en este momento.

No le tengas nunca miedo a un apretón de manos.

Recuerdo que a esta actitud solían llamarla "don de gentes", es decir, la capacidad de relacionarse con otros sin complejos, sin prejuicios, con soltura y tranquilidad. Para el vendedor profesional presentarse delante de personas desconocidas e iniciar una conversación, es una tarea tan natural como atarse los cordones de los zapatos.

El vendedor profesional entiende que, para vender mucho, tiene que conocer a muchas personas que puedan estar interesados en lo que él vende y que puedan pagar el precio que pide.

Y así deberías entenderlo tú también. Tendrás que dar muchos apretones de manos para conocer a esas personas que pueden comprar tu producto y desarrollar tu red de contactos.

> *Un apretón de manos es simplemente una puerta que se abre y te da una nueva oportunidad de vender o de aprender.*

Y mientras más puertas se abran, más oportunidades tendrás. Es una cuestión de matemáticas puras y simples: Si de cada 50 personas que conozco, le vendo a 5, si conozco a 100, le venderé a 10.

Si conozco a 500, le venderé a 50. De nuevo, matemáticas puras y simples. Sin trucos y sin atajos.

Cuando alguien te diga que "no", aprende a sacarle provecho.

Cualquier vendedor podrá decirte que recibir un "no" es una parte inherente de su profesión. De hecho, cuando aprendes a sacarle provecho, la negativa deja de ser un obstáculo y se convierte en una oportunidad genial para conocer más a fondo las necesidades e inquietudes de tu interlocutor, sea un cliente, un familiar o un amigo.

La negativa de un cliente a hacer negocios contigo es tu mejor oportunidad para mejorar el producto.

Cuando alguien te dice que no quiere hacer negocios contigo, te está diciendo de una manera indirecta que hay algo en tu producto, en tu oferta o incluso en tu propia persona, que no funciona para él y que le impide tomar una decisión a tu favor.

Aprender a distinguir qué es ese "algo" se convierte entonces en una oportunidad para mejorar, para cambiar, para crecer. Ese "algo" deja entonces de ser un obstáculo para pasar a ser una herramienta más en tu proceso de crecimiento como empresa y como persona.

Cultiva siempre la búsqueda proactiva de nuevas oportunidades.

Muchas personas creen que el objetivo de un vendedor es vender más, cuando realmente la venta como tal, es decir, la transacción propiamente dicha, es tan solo la consecuencia de un trabajo bien hecho.

Todo vendedor debe concentrar sus esfuerzos en el **desarrollo continuo de nuevas oportunidades de negocios**, para su empresa y su producto.

Atender todas y cada una de estas oportunidades de una manera profesional, coherente y eficiente te permitirá maximizar el cierre de nuevas ventas.

La venta ocurre como una consecuencia natural del trabajo bien hecho. No es un objetivo, sino una consecuencia en sí misma.

Y el ciclo nunca se detiene: Buscar clientes, vender, atender a los nuevos clientes, continuar buscando nuevas oportunidades, vender y así sucesivamente. Un vendedor profesional nunca se detiene y continuamente está monitoreando su mercado para encontrar nuevas oportunidades.

De igual manera puedes hacerlo tú en tu empresa.

Muchos negocios hoy en día necesitan de esa energía para poner a un lado la negatividad que el entorno les regala y concentrarse en la búsqueda de nuevas oportunidades de desarrollo.

Aprende a levantarte después de cada caída, limpiarte el polvo y seguir adelante.

No sabría decirte cuántas ofertas he preparado en mi carrera como vendedor profesional. Seguramente sean muchas, bastantes más de las que pudiera contar. Y sin embargo tan sólo una pequeña cantidad de ellas se convirtieron en negocios al final.

Incluso he presentado muchas propuestas de las que yo estaba casi completamente seguro que el resultado iba a ser positivo y, sin embargo, nunca llegaron a cerrarse.

El negocio de tu vida, la gran venta, puede estar justo detrás de la siguiente puerta que toques.

Igualmente he visitado y contactado a miles de personas y empresas, de todas las formas que te puedas imaginar. Muchas veces he sido tratado amablemente, otras veces he recibido portazos en la cara. He conocido personas geniales y también personajes detestables.

Sin embargo, una cosa ha sido determinante: He podido cultivar la capacidad de levantarme después de cada negociación fallida, después de cada portazo en la cara, después de cada trato desagradable, siempre con la ilusión de que el negocio de mi vida, esa gran venta que me daría una comisión estupenda, se encontraría justo detrás de la siguiente puerta que tocara, de la siguiente llamada telefónica que hiciera, del siguiente correo electrónico que enviara.

Te puedo asegurar que la venta profesional me ha enseñado cosas muy valiosas, algunas de las cuales he dejado plasmadas aquí para ti, con la seguridad de que te serán de utilidad tanto en tu vida profesional, en tu negocio, como en la personal.

Todos, absolutamente todos, tenemos algo que vender. Sea una idea, una opinión, un trasto viejo que tenemos en casa, o nuestras propias personas. Todos hemos tenido que hacer uso de nuestras habilidades de "vendedor" en algún momento de nuestras vidas, quizás en más de uno.

¿O es que acaso no tuviste que convencer a esa maravillosa persona con la que hoy vive a tu lado, que tú eras para ella la mejor opción que estaba disponible en el mercado?

Es por ello que resulta tan recomendable aprender esas actitudes que distinguen a los vendedores profesionales, a los que logran siempre buenos resultados, y ponerlas en marcha en aquellas áreas de tu vida en las que lo consideres conveniente, comenzando por tu negocio.

¿Cómo organizar las ventas de "Puerta Fría"?

Pues ya que estamos claros en que "vender" no es una actividad inherentemente mala, que como emprendedor es sencillamente una más de todas las tareas que tienes que hacer, y que hay ciertas cosas que puedes hacer para desarrollar tus habilidades comerciales, pongámonos entonces en marcha y busquemos más ventas para tu negocio.

Comencemos por una de las herramientas más potentes para conseguirlo: la venta de puerta fría o *"cold calling"*, como se le llama en inglés.

Se le dice "puerta fría" porque sencillamente te estás dirigiendo, bien sea por teléfono, correo electrónico o, la forma más tradicional de todas, las visitas de puerta en puerta, a una persona que no te conoce de nada.

Y la considero una herramienta excepcional porque te ayuda a liberarte, de una vez y para siempre, del estrés que implica ponerse en contacto con gente desconocida ofreciéndote también la oportunidad de conocer y controlar tú mismo el cómo y de qué manera se vende tu producto, para poder así transmitírselo a las personas que lo harán después de ti.

Como siempre, me explico: Vamos a suponer que estás comenzando con tu nuevo negocio y para conseguir tus primeros clientes hiciste una campaña de volantes, colocaste algunos avisos en la prensa local, abriste tu página en Facebook y has comenzado a seguir a algunas personas en Twitter, pero, a pesar de tus esfuerzos, todavía nadie entra en tu negocio o te llama para contratar tus servicios.

¿Qué haces entonces para conseguir clientes nuevos?

Es justo en este momento cuando la venta de "puerta fría" se convierte en tu mejor aliado. Se trata entonces de salir a la calle a ofrecerle al mundo tus productos o servicios, de manera directa, sin intermediarios, cara a cara.

Es la mejor herramienta que existe para vender, porque la controlas tú, y solamente tú eres el responsable de los resultados que puede generar.

Y aunque pareciera una actividad tan sencilla como simplemente decir: "agarro una carpeta con algunas tarjetas de presentación, unos cuantos folletos muy lindos que recién imprimí y me voy a la calle a buscar clientes", también la "venta de puerta fría" lleva consigo un profundo proceso de planificación, si la quieres realizar de manera efectiva y sacarle todo el provecho posible.

La "venta de puerta fría" tiene 3 etapas: Un antes, un durante y un después, es decir:

- La Planificación.
- La Ejecución.
- El Seguimiento.

¿Cómo planificar una campaña de ventas a puerta fría?

Voy a ponerte como ejemplo, a modo de ilustración, la venta de servicios profesionales (bienes intangibles), el cual suele ser un tema un poquito más complicado que salir a vender un producto tangible, de esos que la gente pueda tocar con sus propias manos.

Todo lo que te voy a decir ahora, **debería estar hecho antes de que te pares enfrente de tu primera puerta**, recordando siempre dos cosas: que "la primera impresión es la más importante" y que "nunca hay una segunda oportunidad para dar una primera buena impresión".

Comenzamos entonces por el producto que, en este caso, eres tú mismo. Debes tenerlo claramente definido, por lo que debes haberle dado una respuesta concreta a las siguientes preguntas:

¿Qué vas a ofrecer?, ¿cuál va a ser la amplitud de tus servicios?, ¿vas a ofrecerte como consultor o como "hacedor" de cosas?, ¿vas a ofrecer un único servicio, vas a ofrecer varios?

Define con claridad las necesidades a las cuales estás en capacidad de darle solución y cómo lo harías. Ten siempre presente que tu cliente no va a comprar tus servicios, sino tu capacidad para resolver sus problemas. Haz una lista de necesidades que tu cliente pueda tener, y desarrolla con claridad la solución que tendrías para cada una de ellas.

¿Cuánto vas a cobrar por tus servicios?, ¿vas a ofrecerlos por un pago mensual fijo a cambio de una cantidad específica de horas?, ¿vas a ofrecer tus servicios "empaquetados"?, ¿vas a tener un contrato de duración mínima, es decir, algún tipo de "permanencia"?

Esta es la pregunta del millón de euros. Si desde el principio no calculas bien cuál va a ser tu propuesta de precios, puedes terminar encasillándote como un profesional "barato", o demasiado caro, ¿cuál es el punto justo? Va a depender de lo siguiente.

¿Has definido con claridad tu "propuesta única de venta"? Una "propuesta única de ventas", (*unique selling proposition* en inglés), es aquello que va a diferenciarte del montón, del resto de profesionales que ofrecen los mismos servicios que tú. ¿Cuál es la tuya?

Todos tus materiales colaterales deben estar listos y deberían reflejar con claridad los puntos anteriores: cuál es tu producto, cuánto cuesta y aquello que te hace diferente de los demás.

Es por ello que es tan importante el tema de la planificación cuando organizas una campaña de ventas de puerta fría. ¿Te imaginas mandar a imprimir tus folletos solamente para darte cuenta de que tu material impreso no refleja con exactitud lo que quieres realmente ofrecer?

¿O que una visita de ventas haya salido bien y tu futuro cliente te busque en Internet, o se dirija a tu perfil en LinkedIn, o tu página web para conocer un poco más de ti, solo para encontrar que está incompleto o mal elaborado?, ¿qué impresión crees tú que le causaría?

El producto debe estar claramente definido para que tu cliente potencial pueda identificarlo y entenderlo con facilidad, sin espacio para dudas o vagas interpretaciones.

Si el cliente no puede identificar tu producto con sencillez, le va a costar mucho esfuerzo darle un valor.

Definir tu producto, en este caso los servicios que vas a ofrecer, es de suma importancia para el éxito de tus visitas de ventas a puerta fría.

Es muy importante que conozcas lo que estás ofreciendo con el mejor detalle posible, para que estés en capacidad de responder todas las preguntas que tu cliente potencial te haga durante la visita.

Una vez que hemos definido el producto, ¿qué crees tú que debemos saber?

¿Quiénes van a ser tus primeras visitas?

Ok, tu producto está claramente definido, tu material colateral está en orden, tienes claro cuánto vas a cobrar por tus servicios y hasta tuviste la oportunidad de hacer una plantilla en Excel para calcular tus presupuestos.

El siguiente paso es natural: Irte a la calle a hacer "puerta fría", es decir, tocar la puerta de personas que no te conocen de nada, hacerles una presentación de tus servicios y, en el mejor de los casos, lograr que acepten tu propuesta y contraten tus servicios.

Pero, ¿no existirá acaso una forma de hacer que las puertas no estén tan frías durante las primeras visitas y que el impacto de estar frente a un desconocido sea menor?

Pues si existe y es de lo más sencillo que hayas podido imaginarte.

La puerta fría puede hacerse de dos maneras: Lo que llaman puerta fría "pura y dura" que es, pues eso, tocar puertas de personas que no te conocen de nada en lo absoluto; o ser un poquito más práctico y darle un poco de calor a las puertas, para que no sean ni tan frías ni tan duras.

¿Cómo se hace?

Comienza por tu red de contactos y amigos.

Con toda seguridad durante tu vida profesional has acumulado una importante cantidad de contactos, amigos y relacionados con los cuales ya te une algún tipo de vínculo, independientemente de qué tan fuerte éste pueda ser.

¿Qué tal entonces si comienzas por hacer una lista de selección e incluyes en ella a todas aquellas personas que están dentro de tu círculo de contactos actual, y que pudieran estar interesados en los servicios o el producto que vas a ofrecer?

¿Cuáles son las ventajas de comenzar a trabajar sobre esta primera selección de contactos?

La primera ventaja es obvia: Al existir una relación previa, el estrés de estar visitando a una persona que te es completamente desconocida desaparece, la puerta estará abierta para ti, y ya la visita no será tan "en frío".

La segunda y muy importante ventaja es que, al ser una persona que te conoce, la presentación que vas a hacer de tu producto o tus servicios, podrá ser un poco más "informal", más ligera, podrás hacerla con más confianza y tu interlocutor tendrá la oportunidad, incluso, de hacerte recomendaciones para que lo hagas aún mejor, según sea el grado de confianza que les une.

Podría decirse que estas visitas a tu red de contactos te permitirán sacarle brillo a tu presentación de ventas, para que esté completamente lista y a punto a la hora en que te vayas a parar justo enfrente de una persona que sí te es completamente extraña.

Luego de tu lista de contactos, ¿cómo puedes escoger más prospectos para visitar?

Supongamos entonces que ya has agotado tu lista de contactos, has hecho todas las visitas que pudiste a personas que ya te conocían de antes, y has podido cerrar tus primeras ventas.

¿Qué haces ahora que ya has visitado a todas las personas que habías incluido en tu lista inicial de contactos, y no tienes nadie más a quien puedas visitar?

Es entonces el momento de crear una lista de prospectos nuevos, y estos si van a ser personas que no te conocen de nada.

Para ello, son varias las cosas que debes tomar en cuenta para que puedas obtener los mejores resultados posibles al realizar las visitas:

- Según sea que pretendes ofrecer tus servicios a nivel internacional, nacional o local, tu lista de prospectos cambiará. Define esto con claridad para que utilices tu tiempo de manera efectiva. No tiene sentido, al principio, que te desplaces grandes distancias para hacer visitas de puerta fría, si tu producto solo será ofrecido a nivel local, a menos que sean contactos con mucho y verdadero potencial.
- Según sea el servicio que vas a ofrecer, entonces puedes realizar búsquedas por Internet de negocios y empresas que sean para ti prospectos interesantes.
- Basándote en la lista de empresas y personas que has preparado, organiza entonces tus visitas según la ubicación geográfica de cada una de estas, de forma que puedas realizar la mayor cantidad de visitas en el menor tiempo posible y así evitarte gastos innecesarios.

Una vez que hayas creado la lista de las personas a las que vas a visitar, lo más recomendable es hacer dos cosas:

- **Documentarte siempre que te sea posible acerca de tus nuevos prospectos.** La idea es que te familiarices lo mejor que puedas con respecto a las empresas que estarás visitando, de forma que tengas una idea más clara de cómo podrás ofrecerles tus servicios o productos.
- **Conseguir una persona contacto o un nombre de referencia:** Este tal vez sea el objetivo más difícil de lograr, pero siempre vale la pena el esfuerzo. Intenta conseguir un nombre, incluso de la asistente o la recepcionista, si es necesario. Siempre te resultará mucho más sencillo llegar a una tienda o empresa preguntando por alguien en particular, que hacerlo completamente en blanco.

Y ya a este punto, estás listo para continuar haciendo tus campañas de ventas de "puerta fría", pero si te has dado cuenta, ya las puertas que estás tocando no son tan frías, ¿verdad?

Un paso clave para el éxito de cualquier campaña de ventas de puerta fría es que hagas la selección adecuada del mercado al cual te vas a dirigir.

Si estás apenas comenzando, lo mejor es siempre hacerlo por tu red de contactos inmediatos y los referidos que de allí puedas sacar, porque aligera mucho el proceso.

Si ya has cubierto tu red de contactos y los consiguientes referidos, entonces cobra mucha más importancia el que elijas adecuadamente el público al cual vas a dirigirte.

Como en muchas otras cosas, estar enfrente de la persona adecuada con el producto correcto, es un elemento fundamental para el logro de los mejores resultados.

Hazle siempre seguimiento a tus esfuerzos comerciales.

El "seguimiento" define la relación continua que mantienes con tus clientes, antes, durante y después de la transacción comercial.

Se refiere a un compromiso de tu parte para comunicarte con ellos efectivamente, no de forma unilateral, sino bilateral, de manera que la información fluya libremente, de un lado al otro.

Es una relación en la que debes estar dispuesto a responder a lo que tu cliente o prospecto plantee en todo momento, porque ésta es la semilla a partir de la cual se desarrollará la relación comercial entre ustedes, más aun cuando se entiende que tú eres el primer interesado en que las relaciones con tus clientes funcionen bien y perduren en el tiempo.

> *¿Qué tú lo que quieres es vender? Eso lo sabemos todos pero, ¿cómo sabes tú cuando tu cliente potencial está listo para comprar?*

Es por eso que existe el "seguimiento": la escucha atenta y efectiva de toda la actividad que ocurre entre tu empresa y sus prospectos, una vez que has iniciado la labor de ventas.

Para entender la importancia del "seguimiento" es menester que asumas como tuya la idea de que tu negocio está del lado de tu cliente y se mueve hacia adelante únicamente cuando éste compra tu producto o contrata tus servicios. Solamente en ese momento y no en otro.

Si la compra no se produce, el negocio no existe todavía. ¿O es acaso que podrías mantener tu empresa funcionando, sin tener clientes que compraran tus productos? ¡Por supuesto que no!

El "seguimiento" es un hábito comercial que debes cultivar, porque implica el que estarás atento a todas y cada una de las cosas que ocurran en el entorno de tu negocio y, con más importancia aún, cuando comiences a hacer cualquier tipo de contacto con un cliente potencial, sea en entornos digitales o fuera de ellos, con miras a cerrar una venta.

Si has ido a visitar a un prospecto y no lo has encontrado en su oficina, por ejemplo, toma nota de cuando deberías estar contactándole de vuelta, si hay alguna mejor hora para llamar, si debes hacer una cita previa, etc.

Si tuviste la oportunidad de hablar con la persona que toma decisiones, pues mejor aún. Toma nota de todos los acuerdos hechos, de los comentarios recibidos, de su retroalimentación con respecto a la propuesta que le has presentado.

En fin, asegúrate de apuntar todo lo que te pueda permitir desarrollar una relación profesional y comercial fructífera con tu prospecto.

Ten como norma en tu vida profesional mostrar el interés que sientes por tus clientes, haciendo el apropiado seguimiento de todos los contactos que mantienes con ellos.

El seguimiento apropiado significa que estarás presente en el momento que el cliente tome la decisión de comprar y, en ese caso, el negocio te lo llevarás tú y no tu competencia.

Una planificación profunda, una ejecución limpia y un seguimiento adecuado, serán la clave para que tus campañas de ventas de puerta fría te den la oportunidad de acceder a muchas y nuevas oportunidades de negocio.

¿Cómo puedes reconocer cuando un prospecto es realmente bueno?

Una historia muy común que nos ha pasado a todos los que estamos involucrados en ventas, (y más de una vez, de eso estoy seguro) es la de realizar una presentación de ventas, una de esas de las que sales realmente satisfecho, has mantenido una conversación muy positiva con el prospecto e intercambias con él muchas y variadas ideas.

Tu prospecto te agradece toda la información que le has facilitado, reconoce que la solución que tú le ofreces se alinea con las necesidades de su empresa, hace algunas preguntas con respecto a lo que podría ser el precio de tu oferta, te pide que le prepares una propuesta formal e, incluso, llega a revisar contigo posibles fechas de entrega y esas cosas.

Obviamente con una gran sonrisa dibujada en tu rostro y con esa sensación de haber hecho un buen trabajo y tener un proyecto nuevo en el bolsillo, te regresas a la oficina.

Tienes bien claro que, según tu experiencia, has recibido del "futuro-cliente" luz verde para avanzar con este proyecto y te sientas entonces con tu equipo a preparar la propuesta, según todo lo que conversaste con el prospecto. Al terminarla, se la envías por correo electrónico, por fax o por el método que te resulta más conveniente. Sabes que la estará esperando.

Cuando tratas de hacer contacto con la persona nuevamente para hacerle seguimiento, ver qué le pareció tu oferta y saber cuándo podrías recibir una confirmación de su parte, te encuentras con el más profundo silencio. Lo intentas de nuevo, le escribes una vez más para conocer su opinión, y nada.

Silencio.

Nunca asumas nada y busca siempre una respuesta concreta de tu prospecto.

¿Qué pudo haber salido mal, cuando todo parecía estar perfectamente alineado para que cerraras la venta? Obviamente te has quedado perplejo, boquiabierto y confundido. ¿Qué fue lo que realmente ocurrió?

¿Qué pasó en esa reunión, que aparentemente fue tan buena, pero que tú no pudiste ver? ¿Por qué tu cliente no te devuelve ahora las llamadas? ¿Por qué no muestra el mismo interés que tuvo cuando se reunieron?

Quizás se trata simplemente de un tema de malos modales o falta de cortesía. Quizás sólo se trata de que ha estado muy ocupado, se fue de vacaciones y se le olvidó avisarte, tal vez sea que le despidieron de forma repentina, o que no recibió la aprobación de sus superiores a tu propuesta, y le da mucha vergüenza decírtelo, porque sabe que te ha hecho perder un tiempo muy valioso.

Quizás no es ninguna de las anteriores.

> *Nunca asumas nada, ni te dejes llevar por lo que "tú crees que podría haber sido".*

Asumir cosas es generalmente peligroso cuando se trata de ventas. Cuando asumes que tienes un negocio ya en el bolsillo, te confías, bajas la guardia y tiendes a relajarte en el esfuerzo que haces para darle seguimiento al prospecto de forma adecuada. Y lo mismo pasa cuando asumes que has perdido el negocio: te cierras la puerta y dejas de prestarle el interés que debieras. En ambos casos, estás cometiendo un error.

Primero que nada, y en cada presentación de ventas, debes asegurarte (pero no de forma "asumida", sino haciendo las preguntas correspondientes a tu prospecto) de lo siguiente:

- Que has cubierto todas sus necesidades y dado respuesta a todas sus inquietudes.
- Que el cliente (o futuro cliente) entiende el valor de la propuesta que le haces y el impacto que dicha solución tendrá para su negocio.
- Que la persona con la que estás hablando tiene la capacidad y autoridad para tomar una decisión...
- Que tú has entendido claramente cuál es el proceso que se seguirá para aprobar, o rechazar, tu propuesta.

Si estás completamente seguro (nuevamente sin asumir nada, sino con verdadera seguridad) de haber cubierto todo lo anterior, ¿qué fue entonces lo que pasó?

Haz que tu prospecto participe y se comprometa en el proceso de venta.

Asegúrate de hacer, al final de cada reunión (e independientemente de lo positiva que ésta haya sido), un resumen de todos los acuerdos hechos y de preguntar si hay dudas adicionales que deban ser resueltas antes de concluir.

Si todo está bien, entonces es necesario hacer compromisos: Es necesario establecer qué harás tú (preparar una propuesta formal, por ejemplo) y cuál es la parte que le tocará hacer a tu prospecto (revisar tu propuesta y darte una respuesta en un tiempo determinado, también por ejemplo).

Es decir, nunca salgas de una presentación de ventas con compromisos hechos solamente de tu lado y ninguno del otro lado de la mesa.

Tanto tú, como ellos, deben participar en el proceso a partes iguales, entendiendo siempre que el beneficio es para ambos. Si solamente hay compromisos de tu lado, tu prospecto no está comprometido lo suficiente en el proceso y, por lo tanto, estás comenzando a asumir cosas que probablemente no sean correctas.

Si de su lado no existe la voluntad de comprometerse contigo y con tu empresa en los pasos a seguir después de la presentación, e incluso de programar un nuevo contacto de seguimiento, es una señal evidente de que tu propuesta no le ha hecho clic en la cabeza todavía y que el negocio aún no es tuyo.

La mejor forma de asegurarte de que vas por buen camino es confirmar que tu prospecto está decidido a seguir adelante contigo, y eso solamente se logra haciendo que él también se comprometa con el proceso y no dejando que el trabajo esté solamente de tu lado.

> *Si tu propuesta es realmente interesante y resuelve el problema que el cliente tiene, ¿qué problema podría tener en comprometerse contigo?*

Recuerda siempre que, así como es importante tener muchos prospectos interesados en tus productos y servicios, es igualmente importante que estos prospectos sean realmente válidos, y no simplemente ilusiones que te has hecho por asumir cosas cuando no debías.

Los compromisos siempre deben ser de ambos lados.

¿Qué cosas puedes hacer para vender más?

Llevar adelante un negocio puede convertirse para ti en una labor titánica y desbordarte con mucha facilidad. Son tantas las cosas que debes tomar en cuenta que, muchas veces sin proponértelo, puedes dejar de prestarle atención al área más importante: **¡La producción de dinero!**

Sin embargo, y siempre entendiendo que el éxito de tu negocio gira alrededor de la generación de ventas de forma continua, hay muchas y variadas cosas que puedes hacer para incrementar la visibilidad de tu negocio y vender más.

Lo que no se exhibe, no se vende.

Haz que tu negocio sea conocido.

Diseña para él una buena identidad corporativa, sencilla pero de impacto, con elementos que te diferencien. Distribuye tarjetas de presentación entre tus amigos y conocidos, con proveedores, asociados.

Que toda la gente sepa qué haces y a qué te dedicas.

Saca provecho de todas las herramientas disponibles.

Herramientas tales como el marketing por correo electrónico, o con vídeos, las redes sociales y tantas otras disponibles, te permiten hacer que tu negocio llegue a sitios donde físicamente no puede estar presente, aumentando así su visibilidad y las oportunidades de que la gente se interese en lo que ofreces y haga una compra, o por lo menos que te tomen en cuenta.

Asegúrate de estar siempre disponible por teléfono, correo electrónico o por cualquier otro canal.

Tanto para ofrecer a tus clientes consejo y recomendaciones acerca de tus productos, o incluso de productos que no tienes en inventario, como para resolver cualquier tipo de dudas o quejas que puedan surgir luego de realizar la compra.

El estar siempre disponible es una excelente oportunidad para fidelizar a tus clientes, fortalecer las relaciones a largo plazo y generar ventas adicionales.

Invierte en publicidad.

Es un error muy común esperar que el negocio crezca de manera "orgánica", con la menor inversión posible de dinero. No cometas tú también este error.

Si tienes un presupuesto restringido o mínimo, solamente significa que tienes que optimizar el uso que haces del dinero, pero no significa que no puedes hacer absolutamente nada.

Haz publicidad, por muy discreta que sea, y en los medios que te resulten más convenientes según tu situación particular.

Participa u organiza eventos comunitarios.

Sobre todo aquéllos que te puedan poner en contacto con, o que apoyan a, tus clientes actuales o potenciales. No solamente te ayudará a crear una potente presencia de marca, sino que te servirá para darle un carácter más humano a tu negocio y su imagen.

Cuida muy bien de tus ventas y tus vendedores.

Gestiona tu departamento de ventas con metas que supervises de manera regular.

No importa que sean metas diarias, semanales o mensuales. Eso dependerá del ciclo de venta de tu producto. En todo caso, lo importante de las metas es que te permiten confirmar si las cosas están saliendo bien o si, por el contrario, es tiempo de tomar decisiones y cambiar de rumbo.

Si estás cumpliendo tus metas, fíjate metas mayores, pero que sean siempre razonables y realistas: Una de las formas más sencillas de quemar un negocio es el establecimiento de metas irreales e inalcanzables.

Pretender, por ejemplo, que un negocio que recién comienza pueda generar ganancias suficientes como para adquirir un jet corporativo en 6 meses, no solamente es irreal sino irrealizable.

Las metas, mientras más reales, más factibles.

Capacita a tu fuerza de ventas de manera continua.

Sólo a través de la capacitación continua, tus vendedores podrán ser más efectivos en cada visita al cliente o incluso en el mostrador de tu tienda. Hay técnicas específicas para cada caso, que seguramente te resultarán de interés.

Si no tienes una fuerza de ventas, plantéate seriamente el desarrollar una para tu empresa, por muy pequeña que sea y que siempre sean, como mínimo, dos personas. Los resultados son siempre positivos.

Promueve la sana competencia entre tus vendedores.

Ofréceles premios e incentivos, ayúdalos a mejorar su rendimiento cada día, preocúpate por ellos y premia sus logros. Una fuerza de ventas motivada y comprometida, son la garantía de una empresa que se mantiene en contínuo crecimiento, o al menos en la búsqueda constante de nuevas oportunidades de negocios.

Dicen que "Quien tiene un cliente, tiene un tesoro".

Trata de conocer a tus clientes.

Haz un esfuerzo sincero por saber quiénes son tus clientes, qué los motivó a ir a tu negocio, dónde viven, qué les gusta y cómo supieron de tu empresa.

Con toda esta información, elabora una base de datos completa de tus clientes. Y no te conformes, mientras te sea posible, con recabar la información de contacto tradicional (teléfono, correo electrónico y esas cosas) sino también, trata de conocer un poco acerca de sus gustos, aficiones y estilo de vida.

Todos los datos que recojas te permitirán identificar oportunidades de posicionamiento para tu empresa así como para desarrollar estrategias comerciales y promocionales más efectivas.

"Lo importante no es que vengas, sino que vuelvas"

Por lo que debes concentrar tu esfuerzo en hacer que tu cliente viva una experiencia de compra fenomenal, que le invite a volver a hacer negocios contigo y con nadie más, e incluso que le dé razones suficientes como para recomendarte con sus amigos.

Ofrece a tus clientes distintas opciones de pago.

Una vez me ocurrió que fui a hacer un pago y en el establecimiento donde estábamos comiendo solamente recibían dinero en efectivo. Me tocó ir al cajero del banco que estaba más cercano y buscar el dinero para pagar. Toda una molestia.

Evita que esto suceda a tus clientes. No pierdas una venta, porque no tienes cómo cobrarle a un cliente que te quiere pagar.

Brilla en el servicio post-venta.

La fidelización de un cliente ocurre cuando ya la compra del producto se ha hecho, por lo que es una excelente idea aprovechar todas las oportunidades posibles de mantenerte a su lado, de estar disponible y dispuesto a resolver cualquier problema que surja o simplemente de asegurarte que todo ha salido como tú esperabas.

Es gracias al buen servicio post-venta que comenzaras a tener oportunidades para fortalecer tu relación con cada cliente y hacerlos fieles seguidores de tu marca y de tu producto.

Premia a tus clientes más fieles.

Un cliente que te compra de forma regular es un tesoro invalorable que debes consentir y conservar a toda costa.

Invita a tus compradores más fieles a compartir su experiencia con otros. Conviértelos, siempre que puedas, en embajadores de tu marca. La publicidad de recomendación sigue siendo la más poderosa hoy en día, más aún en un mundo hiperconectado como el nuestro.

Sácale el mayor provecho que puedas con cada uno de tus clientes más leales.

Haz con regularidad encuestas de satisfacción entre tus clientes.

Demuéstrales siempre que su opinión es importante para ti, y utiliza lo que te dicen para hacer mejoras reales a tus productos y servicios.

Un cliente que siente que la empresa escucha lo que él tiene que decir, se siente profundamente valorado y, como muestra de agradecimiento, te continuará premiando con su confianza, sus compras y sus recomendaciones.

Aprovecha las ventas de temporadas.

Durante las temporadas y eventos especiales, tus clientes estarán dispuestos a comprar más por lo que tus promociones serán más efectivas y aumentarás tus números significativamente.

Y yo creo que hasta aquí, tienes suficientes ideas para poner en marcha tus ventas. Como ves, todos estos consejos representan cosas sencillas que no toman mucho esfuerzo para ser implementadas, una vez que te das cuenta de la influencia tan importante que pueden tener en el crecimiento de tus ventas y el consecuente desarrollo de tu negocio.

Tenlas presente cuando hagas planificación e ponlas a funcionar según el tiempo y los recursos te lo permitan, o mejor aún si tienes un equipo de trabajo que pueda dedicarle su tiempo a implementarlas.

Lo único que puede ocurrir es que tus ventas comiencen a crecer y fluir de una manera más ordenada y organizada, y eso definitivamente es bueno para tu negocio.

¿Qué puedes hacer para que tus vendedores sean realmente efectivos?

Muchas veces se piensa que la falta de motivación es el factor más determinante en la efectividad de un vendedor o de un equipo comercial.

Y ciertamente la motivación es un elemento de vital importancia para cualquier vendedor. No existe ninguna duda de ello y, quien la tenga, pudiera no tener las ideas bien claras con respecto al proceso de ventas.

La realidad es que la venta, como tal, es fundamentalmente un acto emocional y para realizarla de manera efectiva un vendedor debe estar en un estado emocional óptimo. No digamos un estado emocional excelente, ni del tipo "la-vida-es-muy-bella". No. Simplemente un estado emocional óptimo.

> *Para ser realmente efectivo, un vendedor debe estar en un estado emocional apropiado.*

¿Te imaginas un vendedor haciendo una presentación de tus productos a un grupo de compradores potenciales, y que en su cara se vea claramente que ese mes no está cumpliendo su meta de ventas y que, por lo tanto, no le va a alcanzar el dinero ni para llevar comida a su casa?

¿O que esté pasando por una ruptura amorosa y, en lugar de hablar con su cliente de tu producto, se siente a contarle las terribles cosas que le hacía su pareja y que causaron la separación?

Pero más allá de la motivación, que siempre es importante, un vendedor necesita también de otras cosas para alcanzar sus mejores resultados.

Lo primero que un vendedor necesita para ser más efectivo es supervisión.

Y supervisar no implica que debas convertirte en el ojo vigilante que se mantiene mirando por encima del hombro de sus vendedores las 24 horas del día para asegurarse de que están haciendo su trabajo, visitando clientes, llenando reportes, etc.

No. En lo absoluto.

Supervisión y control son dos cosas muy diferentes, y generan resultados igualmente muy diferentes.

Supervisar lo que hacen tus vendedores es una labor que debes realizar de manera continua, diariamente, cara a cara, por teléfono, o por correo electrónico. Como mejor te parezca, pero debes hacerlo con una frecuencia determinada y a través de cualquiera de los canales disponibles.

> *Ser un jefe que supervisa, no es lo mismo que ser un jefe que controla.*

Solamente supervisando podrás detectar cuando los "niveles emocionales" de tu equipo de vendedores están por debajo de lo que resulta apropiado para hacer el trabajo bien y es entonces tu responsabilidad, como supervisor, tomar las medidas que sean necesarias para aumentar la motivación del equipo.

¡Pero ten mucho cuidado!: Se trata de supervisar, de detectar situaciones que requieran tu intervención para mejorarlas y mantener los ánimos arriba, no de que te conviertas en el jefe que interrumpe el trabajo de su equipo de ventas veinte veces al día, sin ninguna razón válida, y solo para reiterar su posición como jefe y su necesidad de controlar.

Lo segundo que hace falta es que tengas metas realistas y alcanzables.

¿Cómo estableciste la meta de ventas que esperas de tus vendedores? ¿Por inspiración divina, o porque simplemente se te ocurrió ese día que ese número era lo que podías (o aspirabas) vender durante ese período en particular?

No hay nada más interesante que sentarse a conversar con un empresario y preguntarle cuánto dinero quiere vender durante el próximo año, o en los próximos seis meses.

Las expresiones en sus caras lo dicen todo: No tienen ni la más mínima idea, o la idea que tienen es simplemente la manifestación de sus propias ilusiones, esperanzas o, quizás, sus necesidades.

> *Tus metas de ventas no puedes ser la manifestación de tus deseos, sino un número real y alcanzable.*

Una meta de ventas deber ser, primero que nada, realista:

- ¿Cómo puede tu empresa vender esa cantidad de dinero?
- ¿Qué razones lo justifican?
- ¿Cuáles fueron las ventas durante el mismo período el año pasado?
- ¿Cuánto dinero estás planeando invertir en publicidad para impulsar las ventas durante ese período?
- ¿Qué está haciendo tu competencia y cómo planeas responderle?

Te pongo un ejemplo: Yo salgo a correr bicicleta regularmente. Comencé corriendo 25 kilómetros cada vez que salía. Hoy en día, puedo llegar hasta 50 o 60 kilómetros en un día, si me esfuerzo bastante.

¿Podría correr una distancia más larga? Seguramente sí, pero más allá de 100 kilómetros en una sola salida, no solamente sería irreal sino un atentado contra mi salud que podría tener serias implicaciones.

Una meta de ventas irreal simplemente conduce a la frustración del equipo y, como consecuencia, a una disminución de su rendimiento.

Siguiendo el mismo criterio, es por eso que una meta de ventas no es sencillamente un número que te sacas de la manga. Tiene todo un razonamiento que está detrás de ella.

Son muchas las cosas dentro de tu funcionamiento como empresa que pueden afectar el rendimiento de tus vendedores, por lo que es de suma importancia que las metas de ventas que establezcas sean realistas y alcanzables.

Y generalmente, y por experiencia propia, cuando las metas son realistas, son también perfectamente alcanzables.

No quieras venderle tú mismo a tus propios vendedores.

Tu equipo comercial no necesita que tú le digas que tu empresa es la más maravillosa maravilla que existe en el mundo, ni que tus productos son la pieza más deseada por cada uno de tus clientes, o que tus precios son los más competitivos de todo el mercado. Eso lo dicen todos, créeme.

Muy al contrario, tus vendedores necesitan estar preparados con la verdad y nada más que la verdad, para salir al mercado a vender.

Debes ofrecer una formación comercial honesta por encima de todo, que prepare a tu equipo para enfrentarse a un mercado muy competido y competitivo.

Es como ir a una batalla: Si no le dices a tus vendedores, con toda la claridad del mundo, de qué tamaño es y que fortaleza tiene el enemigo y cómo van a enfrentarlo, simplemente los estarás enviando a una muerte segura. ¿Por qué?

¿Te imaginas un boxeador que va a un combate pensando que el mejor golpe de su contrincante es el recto de derecha, cuando en realidad es el gancho de izquierda?

¡Vaya una sorpresa se llevarán sus costillas cuando sienta los primeros bombazos de su oponente!

Pues igual ocurre con tu equipo de vendedores: Deben estar adecuadamente preparados para lidiar, de forma efectiva y positiva, con todos los desafíos que se les puedan presentar en el mercado.

No existen malos vendedores, sino malos jefes.

Y esta es una verdad que ha sido siempre mi norte como director de ventas: **Mis vendedores y su rendimiento son mi responsabilidad.**

¿Qué el rendimiento del equipo está bajando? Pues es tu responsabilidad, como su supervisor inmediato, darte cuenta de cuál puede ser la causa y aplicar las medidas correctivas necesarias.

¿Qué tienes un vendedor qué es realmente malo? Si es así de malo, ¿cómo es que no te has dado cuenta antes? ¿Por qué no has tomado la decisión de dejarlo ir, si fuese el caso?

Y si era malo desde el principio, ¿por qué lo contrataste?

Gestionar el área de ventas de tu negocio, más allá de una responsabilidad, es una extraordinaria oportunidad de aportar tu mejor esfuerzo para el crecimiento de tu proyecto.

Cómo te decía al principio de este capítulo:

- Si tienes clara tu responsabilidad como supervisor de tu equipo de ventas, aun cuando seas tú mismo el que hace las ventas...
- Si estableces con claridad las metas que tu equipo debe cumplir, y estas metas son realistas y alcanzables...
- Y tienes siempre presente que el rendimiento de tu equipo (y el tuyo propio) es tu responsabilidad...

Entonces tus vendedores estarán bien supervisados, podrás motivarlos acertadamente en los momentos que resulten más convenientes, y los ayudarás a ser más efectivos en la realización de su trabajo por lo que no tendrán ningún problema para alcanzar los resultados que exiges de ellos.

¿Puede un vendedor estar alguna vez "desocupado"?

Hace ya algún tiempo, conversando con un compañero que trabajaba como vendedor de una empresa, y justo cuando él estaba recién volviendo de sus vacaciones de verano, me comentó que los primeros días en la oficina se le hacían sumamente pesados, porque "no tenía nada de trabajo, nada que hacer".

Obviamente la siguiente pregunta que le hice fue: "¿Y por qué sientes que no tienes nada que hacer?", a lo que me respondió: "Es que todos mis clientes están aún de vacaciones".

Y analizando su respuesta, me di cuenta de que mi compañero estaba cometiendo el error que cometen muchos representantes comerciales: dedicar la mayor parte de su tiempo a la gestión de una cartera de clientes activa, independientemente del volumen de negocios que se esté obteniendo de ella.

Ante esta situación, cabría hacerse la siguiente pregunta: "¿Y quién está entonces ocupándose de buscar los clientes nuevos?".

En la gestión de tu equipo de ventas, o incluso si eres tú la persona encargada de llevar adelante el área comercial de tu empresa, debes siempre mantenerte concentrado en la que es tu tarea principal: conseguir clientes nuevos.

En pocas palabras, dos tareas: buscar y gestionar.

La situación normal del representante comercial de cualquier empresa, mediana o pequeña, debe ser la de repartir su tiempo entre la realización de tres tareas:

- Buscar clientes nuevos de forma proactiva y continua.
- Asegurarse de que los pedidos de todos sus clientes activos son atendidos de la mejor manera posible.
- Desarrollar relaciones con su cartera de clientes, estén estos activos o en proceso de desarrollo.

De todas ellas, seguramente la razón por la que tú has contratado a un representante comercial para tu empresa es para que se encargue de buscar clientes nuevos.

Sin embargo, si tu empresa es pequeña o si eres de los que piensa que un comercial debe hacerse responsable de todas las actividades posteriores a la venta, como por ejemplo, cobrar a los clientes o gestionar el transporte de la mercancía, piénsatelo dos veces, porque estarás utilizando el tiempo de tu vendedor para algo que no es su tarea fundamental y eso, a la larga, traerá sus consecuencias, como todas las cosas.

Y si eres comercial, y en algún momento te ves en la misma situación que mi compañero, ten siempre en mente que tu tarea principal es buscar clientes nuevos para la empresa.

Si "todos tus clientes están de vacaciones", es entonces el mejor de los momentos que tienes para buscar clientes nuevos, porque nadie te estará llamando por teléfono o enviándote correos electrónicos con solicitudes de información o consultas.

Tu cartera de clientes debe crecer de manera continua.

Y es ésta la tarea que tiene verdaderamente una importancia fundamental para el éxito comercial de una empresa. Si un vendedor tiene suficiente tiempo libre como para decir que "no tiene nada que hacer", es entonces que no se está esforzando lo suficiente en conseguir nuevos clientes para la empresa.

Desde mi punto de vista, éste es uno de los errores que nunca debería cometer una persona que se dedique a las ventas, o que tenga como responsabilidad gestionar un equipo de ventas: concentrarse solamente en la gestión de la cartera de clientes activa, o la que es potencialmente activa, y dejar de buscar clientes nuevos.

¿Por qué siempre debes buscar conseguir más clientes nuevos?

Seguramente tu respuesta sea "para ganar más dinero", "para generar más ventas", "para poder planear el crecimiento de la empresa", y aun cuando todas son relativamente ciertas, hay una razón más profunda: crear una cartera de clientes sólida, que no dependa solamente de los clientes que compran sino que siempre esté generando oportunidades nuevas.

Sí, esa es la razón de fondo: Tener una base de clientes que crece de forma continua le garantiza a tu empresa alcanzar la fuerza comercial suficiente, como para no depender solamente de un gran cliente (o un pequeño grupo de clientes) en particular, para poder enfrentar las situaciones imprevistas del mercado (caída de ventas, cierre de empresas, etc.) minimizando el impacto que estas situaciones puedan tener en la evolución del negocio.

¿Has escuchado alguna vez de empresas que han tenido que cerrar sus puertas sencillamente porque perdieron un cliente que representaba un porcentaje muy significativo de su facturación total?

Una cartera de clientes sólida y creciente, le garantiza a tu empresa fortaleza ante los imprevistos del mercado.

¿O de empresas que sencillamente perdieron una porción significativa de su participación en el mercado y no la pudieron recuperar con rapidez, por no tener una cartera de clientes amplia y diversificada?

Casos como éstos han habido muchos, y están documentados en Internet. Puedes buscarlos y seguramente aprenderás un montón, y podrás reconocer la importancia que tiene que tus vendedores (o incluso tú mismo, si te has hecho cargo del área de ventas en tu propio negocio) se mantengan siempre en la búsqueda de clientes nuevos.

Si no encuentras nuevos clientes es que no estás buscando lo suficiente.

Cada día se incorporan al mercado cientos, sino miles de consumidores nuevos, que pueden ser clientes potenciales para tu producto o servicio.

Es por ello que no deberías prestarle mucha atención cuando la gente dice, "es que el mercado está completamente cubierto", o cuando te dices a ti mismo que "los clientes para mi tipo de producto son un nicho muy limitado".

El que busca con interés, siempre encuentra algo nuevo. Conviértelo en un hábito para ti y tu equipo de vendedores.

Si tuviera que enumerar de forma general las actividades en las que tus agentes de ventas deberían concentrar su tiempo, podría resumirlas en las siguientes:

- Gestionar todo lo relacionado con los clientes que están activamente comprando.
- Fortalecer y profundizar las relaciones con estos clientes que compran.
- Desarrollar relaciones con clientes potenciales.
- Buscar continuamente nuevos clientes potenciales para la empresa.

No hay espacio para que un comercial se sienta desocupado en ningún momento: Si no está gestionando clientes activos, está buscando clientes nuevos.

Y si manejas un equipo de ventas el cual, real y honestamente, se encuentra lo suficientemente ocupado, como para no poder dedicarle una mayor cantidad de tiempo a la búsqueda de nuevos clientes para tu empresa, entonces son excelentes noticias:

¡Ha llegado el momento de contratar más vendedores!

¿Cuándo es el momento de delegar la búsqueda de clientes nuevos?

Si no tienes realmente tiempo para buscar nuevos clientes, debes buscar entonces vendedores que lo hagan por ti. Por encima de todas las cosas, en cualquier departamento de ventas que se quiera considerar efectivo, deben llevarse a cabo las dos tareas: la búsqueda activa de clientes nuevos y la gestión efectiva de los clientes actuales, tanto los activos como los que están en proceso.

Fíjate en los adjetivos que utilizo para cada una: búsqueda "activa" es decir dinámica, comprometida, continua e interesada; y gestión "efectiva", es decir, en la que se concentren todos los esfuerzos en la obtención de los mejores resultados.

> *Cada una de ellas, tanto la gestión de clientes activos, como la búsqueda de clientes nuevos, tiene su importancia dentro del proyecto de tu negocio.*

Sin embargo, al César lo que es del César, y en cualquier departamento comercial, sea de una o de cincuenta personas, el principal objetivo es conseguir nuevos clientes para la empresa.

Si llega el momento en el que a esta tarea no se le está dedicando el tiempo suficiente, es necesario que consideres con seriedad darle soporte a tu equipo de ventas y buscar personas que puedan encargarse de las tareas de gestión de clientes.

Esto te permitirá retomar el equilibrio en la distribución de tareas y que se le dedique la mayor cantidad de tiempo posible a la búsqueda de nuevas oportunidades y la generación de nuevos clientes para tu negocio, dejando las tareas ya meramente administrativas en personas específicamente preparadas para ello.

Que tus ventas no dependan nunca de un solo vendedor.

Siempre debes tener un sustituto listo para cuando el vendedor se deba ausentar.

Y por eso era que te decía que sería recomendable que tuvieras, por lo menos, dos personas en tu equipo comercial. ¿Te has fijado que en el fútbol siempre hay jugadores en el banquillo, listos para sustituir a cualquiera que se lesione durante el juego?

Pues es una política que resulta muy apropiada para la gestión comercial de tu negocio.

Aquí deberías tener en cuenta que, si ese único vendedor al cual le has confiado las ventas de tu negocio, te llamara mañana para decirte que lo atropelló un camión y no puede ir a trabajar más, ¿tienes en tu plantilla una persona lista, preparada y entrenada, para reemplazarlo inmediatamente sin que tus ventas sufran una caída innecesaria?

> *Piensa siempre en lo que vas a hacer si tu único vendedor se va de la empresa. ¿Tienes cómo reemplazarlo con rapidez?*

Sé que estamos hablando de una situación extrema, pero situaciones como ésta ocurren, y con mucha mayor frecuencia de la que creemos. Si no, fíjate en lo que le pasó a mi amigo Luis.

¿Te imaginas un partido de fútbol en el que hay que detener el juego, porque no hay quién reemplace al arquero que se fracturó un tobillo?

Supervisa, supervisa y supervisa. Y después, sigue supervisando.

Y este es el punto que causa más incomodidad: Supervisar. ¿Sentarte con tus vendedores a ver cómo les ha ido? ¿A escuchar sus historias y anécdotas?

Si al final del día tú lo que quieres es que vendan y no que te vengan con cuentos.

Pues déjame decirte que de esos "cuentos de vendedores" puedes sacar muchísimas cosas que te ayudarán a llevar las ventas de tu empresa de una forma mucho más eficiente, si realmente escuchas con atención.

Escucha con atención lo que tus vendedores tienen que decir, y podrás descubrir muchas cosas importantes para tu empresa.

De hecho puedes descubrir nuevas oportunidades de negocio y de desarrollo, escuchando lo que tus vendedores tienen que decir acerca del mercado que compra tus productos y lo que está ocurriendo en él.

Ten en cuenta siempre que los vendedores escuchan directamente la voz de la pieza más importante de tu negocio: ¡los clientes que compran tus productos y servicios!

Debes hacer un esfuerzo sincero para afinar la gestión comercial de tu negocio y verla desde un punto de vista más cercano, dándole la importancia que realmente tiene dentro de tu proyecto como un todo.

Después de todo, ventas es el departamento que genera el dinero que paga todos los gastos, ¿no?

¿Qué deberías saber acerca de las ventas y por qué?

Hasta aquí hemos cubierto los aspectos principales que debería conocer todo emprendedor acerca del tema de ventas. Ahora, bien vale la pena que repasemos las razones por las cuales todo esto es importante para ti y el desarrollo de tu negocio, así como para su permanencia en el tiempo.

Imagina por un momento que tuviste una idea de negocio muy interesante, y todas las personas a quienes se lo has comentado te han dicho que les parece una idea fenomenal que podría tener mucho potencial.

Has puesto de tu parte tiempo, dinero, y has hecho todos los esfuerzos posibles para llevar el proyecto a la luz. Finalmente, cuando todo pareciera estar listo, debes paralizar el proyecto porque no sabes qué hacer para conseguir tus primeros clientes.

O si sabes qué hacer, pero sientes que el salir a la calle a hablar con desconocidos te supera, como que no es para ti, y decides entonces que tu mejor opción es contratar a una persona que haga el trabajo por ti.

¿Cómo sabrás entonces si la persona está haciendo un buen trabajo o no?, ¿cómo podrás evaluar su rendimiento, si tú mismo no sabes cómo se vende tu producto?

Conociendo el cómo se hace, podrás supervisar a otros de manera efectiva.

Si eres una persona que está familiarizada con el tema de ventas, te mueves con soltura entre tus clientes buscando siempre oportunidades nuevas para tu negocio y no te detienes, estupendo.

El día que el negocio crezca y debas contratar a alguien para que venda por ti, tendrás conocimiento suficiente para supervisar de manera efectiva su trabajo, indicarle las cosas que debe, y aquellas que no debe hacer, ayudándole así a obtener el mejor rendimiento de su tiempo y trabajo.

Sabiendo cómo se vende tu producto, podrás guiar a otros en el desempeño del trabajo de ventas.

Bien sabes que la interacción con los clientes, el manejo de objeciones, las revisiones de precios, los comentarios que los clientes hacen acerca del producto o servicios que ofreces, te proveen de una información muy valiosa para la planificación del trabajo comercial, y que también podrás utilizar para darle una formación adecuada a los futuros representantes de ventas que trabajarán para ti.

Si el caso fuera que no tienes conocimientos en ventas, entonces sería interesante que contrataras para tu proyecto a un vendedor con experiencia, le enseñaras todo lo necesario con respecto a tu producto y salieras con él a la calle a vender.

Podrías entonces aprovechar esta oportunidad para aprender de un profesional las técnicas que se usan con más frecuencia, así como la secuencia que se sigue para ir desde los momentos iniciales de una presentación hasta el cierre de una venta.

Por eso es que resulta tan importante que tú, como emprendedor y dueño del negocio, te involucres en el área comercial, aun cuando tan solo sea para adquirir el conocimiento necesario para supervisar al equipo que se encargará de hacer el trabajo luego.

Sabiendo hacerlo tú, eliminas la dependencia de un tercero.

¿Recuerdas el caso que te comenté en el capítulo **"Que tus ventas nunca dependan de un solo vendedor"**?

Pues este es un caso extremo de lo que puede ocurrir en un departamento comercial: Que la única persona que está haciendo el trabajo de ventas, repentinamente te deje solo y se vaya a trabajar para otra empresa. ¿Qué haces en un momento como ése?

> *Saber que tus ventas no dependen de un solo vendedor, te regalará mucha paz mental.*

Definitivamente es muy importante que tengas la capacidad de tomar el control de las ventas de tu negocio en una situación como ésta, contactar con tus clientes principales y mantener el ritmo de pedidos, para que la salida de un miembro (en este caso, del único miembro) del equipo de ventas, no sea un descalabro total para tu empresa.

Es por eso que también te hacía la recomendación de que tu equipo de ventas siempre estuviera compuesto por dos personas como mínimo: en el caso de la ausencia fortuita de alguno de ellos, el segundo podría tomar el puesto de forma inmediata.

Si, en tu caso, tu equipo de ventas es de una sola persona, pues considera involucrarte en la gestión del tema comercial, de forma que una situación como esta no te tome por sorpresa.

El espíritu comercial siempre está a la búsqueda de nuevas oportunidades.

Una de las características que puedes encontrar en las personas que se dedican a las ventas es que tienen una gran facilidad para ver las cosas desde un punto de vista positivo, tratando de encontrar siempre nuevas oportunidades, sin descansar hasta lograr los objetivos que se han propuesto.

> *Por regla general, los buenos vendedores son luchadores incansables. Y tener ese espíritu es bueno siempre.*

Es un espíritu que ciertamente puede serte de mucha ayuda para transitar el, a veces tortuoso, camino de un emprendimiento.

Tú debes saberlo por experiencia propia: sacar adelante un negocio propio tiene una serie de desafíos que pueden poner a prueba la templanza de tu carácter, tu paciencia y, en la mayoría de los casos, tu capacidad para ponerte en marcha una y otra vez, levantándote después de cada caída.

Tener la capacidad de ver todas las situaciones desde un punto de vista más positivo, tratando de sacar un aprendizaje de cada una de ellas es, definitivamente, una capacidad que bien vale la pena cultivar.

Y esa es una capacidad que he podido encontrar en muchos de los mejores vendedores profesionales con los que he trabajado durante mi carrera, así como en personas emprendedoras como tú, que han decidido perseguir un sueño y han desarrollado un negocio alrededor de él.

Hay una frase que seguramente te sea de utilidad y con la que podemos resumir esta actitud que define el espíritu comercial:

"Tu más grande venta, esa que te generará la comisión que tanto esperabas, puede estar justo a la vuelta de la esquina".

Y una reflexión para terminar.

Profundizar tu formación en ventas, si ya la tienes, o empaparte en los conceptos fundamentales que he expuesto para ti en este libro (si no tienes algún tipo de formación previa), solamente puede agregarle un valor positivo a tu desempeño profesional y personal, independientemente de cuál sea el área específica de la que te has encargado dentro de tu proyecto.

Tener la capacidad de comunicar tus ideas a otras personas de una manera convincente, con argumentos sólidos y buenas intenciones, tener también el hábito de hacerle seguimiento a tus tareas para garantizar el logro de los mejores resultados, son todas habilidades que te permitirán ser un mejor líder, jefe y empresario, en todo lugar y momento.

Recuerda siempre que la venta es la actividad que le da vida a cualquier proyecto o emprendimiento, y el aprender a vender y saber cómo gestionar el área comercial de tu negocio será una habilidad que te permitirá siempre lograr el mejor rendimiento, tanto a nivel de tu propio desempeño personal como si te toca ser el supervisor del equipo de ventas que has contratado para tu empresa.

En cualquiera de los casos, estos conceptos siempre te resultarán útiles. Es una promesa.

"El optimista ve oportunidad en cada peligro; el pesimista ve peligro en cada oportunidad"

Winston Churchill

www.ingramcontent.com/pod-product-compliance
Lightning Source LLC
Chambersburg PA
CBHW070840180526
45168CB00002B/905